Une Vision
Une Connaissance
Un Amour

Andreas Müller à propos de Maître Eckhart

Impressum

Bibliografische Information der Deutschen Nationalbibliothek: Die Deutsche Nationalbibliothek verzeichnet diese Publikation in der Deutschen Nationalbibliografie; detaillierte bibliografische Daten sind im Internet über www.dnb.de abrufbar.

Translation: Benoît Strauss

Herstellung und Verlag:
BoD – Books on Demand, Norderstedt

ISBN: 9783756222438

Contents

Ce discours

"Que celui qui ne comprend pas ce discours n'en fasse pas un sujet de préoccupation pour son cœur. Tant que l'homme ne sera pas semblable à cette vérité, il ne comprendra pas ce discours. Car c'est une vérité non voilée, qui vient directement du cœur de Dieu ".[1]

~

Ce message est un message impersonnel. Il n'appartient à personne. Il ne s'adresse à personne. Il est direct. Il pense ce qu'il dit, mais reste vide. Il ne contient aucune méthode. Il n'y a rien en lui qui puisse être reconnu.

Je sais que chez Maître Eckhart, on a toujours l'impression qu'il y a quelque chose à trouver. On a toujours l'impression qu'il y a quelqu'un qui pourrait se comporter d'une manière juste. Est-ce ce que voulait dire Maître Eckhart? L'on ne peut que spéculer. Mais certaines de ses paroles semblent résonner en moi.

Cependant, il n'y a jamais eu de Maître Eckhart, pas plus qu'il n'y a moi ou une quelconque instance séparée. Ces mots n'ont pas de sens. Il n'y a aucune raison de les étudier ou de s'y attarder.

Ils ressemblent à un chant, et quiconque l'entend peut en éprouver de la joie. Que celui qui ne l'entend pas ne s'y attarde pas.

Il n'y a rien à trouver ni à perdre. Ce qui semble se produire est naturellement tout. C'est la joie - la joie que personne ne possède et qui est en même temps tout. C'est ce dont ces mots parlent. Et pourtant, ils n'ajoutent rien.

Maître Eckhart

Q : Tu voulais écrire un livre sur Maître Eckhart...

R : ...ou au moins dire quelque chose sur lui.

Q : Qu'est-ce qui en est résulté ?

R : Ce petit livre. Le début a été difficile. J'ai lu les
"Sermons et traités". Et je me suis rendu compte que
tout y était déjà écrit comme il fallait !
Les passages que je voulais commenter étaient et sont
toujours tellement libres qu'il n'y a pas grand chose à
commenter.
Et puis, cela s'est tout de même produit. C'est étonnant
tout ce que ce moine dominicain a pu dire à cette
époque ancienne, sans avoir eu de sérieux problèmes.

Q : Ne lui a-t-on pas fait un procès ?

R : A la fin de sa vie, oui, ou même un peu après. En
fait, tout s'est bien passé pendant longtemps. Et il est
étonnant qu'il n'ait été condamné que pour 28 phrases.
A titre posthume. Car il est mort avant sa
condamnation.

Q : Que dit-il donc si librement ?

R : Par exemple : qu'il n'y a personne. Et que Dieu est
plutôt un non-dieu. Et que l'existence est plutôt une

non-existence.

Q : Que l'Église ne soit pas entièrement d'accord avec cela est peut-être compréhensible. Mais toi, es-tu d'accord ?

R : Au moins, de telles phrases sont transposables dans mon interprétation. Par exemple : il n'y a pas de réalité observable. Nous vivons dans un aveuglement absolu, tout comme l'ensemble de l'univers apparent.
Cela vient du fait que l'observateur lui-même est illusoire. Le simple fait de parler d'un observateur sous quelque forme qui soit - réelle, irréelle, illusoire - peut donner l'impression qu'il existe.
Mais il n'existe pas. Il n'y a personne. Il n'y a pas d'observateur. Il n'y a pas de conscience séparée.
Et parce que la conscience n'est pas réelle, ce dont on est témoin ne peut pas non plus être réellement vu!
Ce qui est est absolument aveugle à lui-même.

Q : Tu penses que c'est ce que voulait dire Eckhart quand il disait que l'existence est plutôt la non-existence ?

R : Oui, l'expérience de présence apparemment si banale n'a pas de substance.

Q : Dois-je comprendre cela ? Ou Eckhart a-t-il raison en disant « Que celui qui ne comprend pas ce discours n'en fasse pas un sujet de préoccupation pour son cœur ».

R : Personne ne peut vraiment en parler. Pour que l'on puisse apparemment en parler, il faut que cette illusion apparente se dissipe.

Je connais quelqu'un qui a passé sa vie à faire des recherches spirituelles. Il a connu beaucoup de choses, et il a passé ces dernières années à faire l'expérience de la conscience. C'était un peu comme si c'était tout ce qui lui restait de sa longue recherche.

Il a ensuite essayé de combiner cette expérience de conscience avec le message non-duel. Il a supposé que moi aussi, j'avais reconnu l'expérience de la conscience comme une "réalité naturelle" et que j'essayais de la transmettre avec mes propres mots.

Et puis, soudainement et de manière inattendue, la pleine conscience a également disparu. Tchak boum, comme ça.

Ce n'était ni une grande chose ni un grand changement. Mais ce n'est que là que la recherche a pris fin. La recherche n'a pas été satisfaite et il n'y a pas eu d'expérience d'arrivée. Au contraire, l'expérience de conscience ou de présence s'est révélée inexistante.

Je ne peux pas l'expliquer et cela ne semble pas logique. Si elle s'évanouit, elle s'évanouit. Alors rien d'autre ne peut être rapporté.

Q : Eckhart ne peut rien expliquer non plus...

R : Eckhart ne peut pas l'expliquer et je ne peux pas expliquer qu'il n'y a rien à expliquer.

Il est impossible d'expliquer à la présence que l'expérience de la présence n'est pas réelle.

Inversement, pour expliquer une circonstance réelle, il faudrait une présence réelle. On se mord la queue.

L'absence de « je suis » n'est pas une nouvelle circonstance dont on pourrait prendre conscience.

C'est le noeud de l'affaire : il n'y a personne qui sait, qui vit, qui pourrait confirmer ou infirmer. Il n'y a pas d'explication à quoi que ce soit.

Et c'est cela la liberté. Tant que tu ne seras pas à la hauteur de cette vérité, tu ne comprendras pas ce discours.

Q : Ta gueule !

Ne rechercher rien

"Ceux qui ne recherchent rien, ni les honneurs, ni les avantages, ni le dévouement intérieur, ni la sainteté, ni les récompenses, ni le royaume des cieux, mais qui ont renoncé à tout cela, même à ce qui est à eux; c'est en ces hommes que Dieu est honoré ".[2]

~

Q : Ne rien rechercher, renoncer à tout... qui peut faire cela ?

R : Personne. C'est impossible. Mais la libération est la fin de celui qui cherche et en même temps la fin de la recherche, de la quête, comme dit Maître Eckhart. La libération n'est pas le résultat d'un renoncement ou d'une quête, elle n'est pas une découverte après une recherche réussie.

La libération est l'effondrement apparent de celui qui cherche, dans l'évidence surprenante que personne n'existe.

Le « renoncement à tout » est la fin de la recherche, non seulement dans les choses dites matérielles, mais aussi dans les choses dites spirituelles.

La dévotion, l'illumination, la libération, l'absorption en Dieu - derrière tous ces objectifs se cache l'égocentrisme. L'espoir de donner jusqu'à sa propre existence pour ne faire qu'un avec Dieu, n'est autre que l'exaltation de soi.

Q : Et en quelles personnes, comme le dit Eckhart, "Dieu est-il honoré" ?

R : En personne. « Dieu est honoré » signifie que la perfection est la réalité naturelle. Cette réalité naturelle n'est ni découverte ni atteinte. Elle n'est ni expérimentée ni non expérimentée. Elle est ce qui reste lorsque celui ou celle qui en fait l'expérience se révèle inexistant(e).

Souffrir de Dieu

"Si l'âme contemple une image avec force, qu'il s'agisse de celle d'un ange ou de sa propre image, il y a quelque chose d'imparfait en elle. Si elle voit Dieu en tant que Dieu, image ou trinité, il y a quelque chose d'imparfait en elle. Mais lorsque l'âme est détachée de toute image et qu'elle ne voit que l'Un, l'unique, alors l'être pur de l'âme, souffrant et se reposant en lui-même, trouve l'être pur, sans forme, de l'unité divine, qui est un être surnaturel.
Ô miracle des miracles, quelle noble souffrance quand l'être de l'âme ne peut souffrir rien d'autre que la pure unité de Dieu !"[3]

~

Q : « Lorsque l'âme est détachée de toute image »…

R : Oui, il s'agit ici de ce que j'appelle la libération : la fin de l'illusion qu'il existe une personne séparée.
« L'être pur, sans forme, de l'unité divine » - c'est-à-dire : cette liberté ne peut être expérimentée ni mentalement, ni émotionnellement, ni énergétiquement - elle est sans forme. Une telle libération est plus intime que n'importe quelle expérience.
Ce qu'elle peut toutefois entraîner, lorsque toutes les

images sont détachées de l'âme, c'est une apparente libération mentale et émotionnelle au sein de l'histoire personnelle. Ainsi, de nombreuses pensées et schémas émotionnels, névroses et traumatismes, semblent être liés à l'expérience d'être une personne séparée.

En tant qu'histoire, on pourrait dire qu'il existe une sorte d'interaction entre l'expérience d'être une personne et les pensées et émotions qui surgissent. Si l'illusion de la séparation s'évanouit, ou pour reprendre les mots d'Eckhart : « si l'âme ne voit que l'Un », alors quelque chose comme un processus de libération se met en place au sein de l'histoire, qui efface peu à peu tout passif mental et émotionnel. Toutefois, ce processus apparent n'est pas le point essentiel.

Ce qui compte - en apparence ! - est qu'il semble se produire, ou non, l'illusion d'une expérience (de soi). Tout le reste ne sont que des symptômes de cette expérience.

Q : Quels seraient donc de tels symptômes?

R : Un symptôme apparent de la séparation serait de vivre dans des histoires et dans la recherche. Il s'agit d'un monde complètement rêvé, d'une apparente agitation énergétique au sein de la supposition d'être une personne, et d'une focalisation sur des faux problèmes que la fausse personne croit avoir.

Le problème principal de la personne est la recherche d'un accomplissement personnel durable. Cependant, il s'agit d'un problème qui ne pourra jamais être résolu, car il n'y a pas de personne ni d'état d'accomplissement personnel.

Q : Et c'est de cela que parle Maître Eckhart ?

R : Oui, pour moi, il semble que Maître Eckhart décrive cette libération apparente - et qu'il détaille dans de nombreux textes ce qu'est cette libération, et ce qu'elle n'est pas. En ce sens, il pratique un neti neti naturel, ce qui correspond exactement à ce message, à "mon" message.

Q : Y a-t-il des signes ou des symptômes de libération ?

R : En fin de compte, tous les symptômes se rapportent à l'effondrement des structures artificielles de l'expérience du « moi ». L'effondrement des structures mentales et émotionnelles en serait un exemple.

Q : L'effondrement des structures mentales et émotionnelles semble peu réjouissant.

R : C'est l'effondrement de toute idée de psychologie. La psychologie se révèle être le pendant scientifique de la spiritualité : les deux proviennent d'un noyau intérieur ou d'un vrai centre. Dans la spiritualité, il s'agirait soit de l'âme, soit d'une sorte de conscience pure, tandis qu'en psychologie, il s'agirait de l'hypothèse d'un "moi" réel inhérent au corps.

Toute la structure psycho-mentale et psycho-affective tourne autour de cette expérience qu'il y a « quelqu'un ». Si ce noyau intérieur se révèle être une illusion (chez Eckhart : lorsque toutes les images sont détachées le l'âme), toute la structure qui semble tourner autour de ce noyau se révèle peu à peu être une illusion. Elle s'écarte ou tombe - en partie ou complètement.

Mais il se peut aussi que la structure s'affaiblisse simplement. En tout cas, j'ai l'impression de percevoir cela, aussi bien chez moi que chez tous ceux que je qualifierais de "libérés en apparence". Il reste, selon les mots d'Eckhart, l'être pur, sans forme.

Q : Tu affirmes parfois que ce ne sont que des histoires ?

R : Oh, oui, il n'y a ni moi ni des gens que je pourrais reconnaître comme libérés. Il n'y a pas de structure psychologique ni d'assouplissement de celle-ci. Rien de tout cela n'est réel ou significatif.

Q : Et donc?

R : Rien n'a d'importance. Tout reste sans conséquence. Ce qui semble se produire est tout.

Q : Maître Eckart dit que « Si l'âme voit Dieu en tant que Dieu, image ou trinité, il y a quelque chose d'imparfait en elle »

R : Il décrit que toute vision est "illusoire", que toute expérience de conscience est liée à une expérience d'imperfection. Aussi bien l'expérience de soi la plus subtile : l'âme qui voit sa propre image; qu'une expérience d'unité ou de Dieu : l'âme qui voit Dieu, sont des expériences personnelles et sont donc accompagnées d'un sentiment de manque.

Q : Se peut-il qu'il ait pu s'en tirer si longtemps avec de telles paroles sans être inquiété, parce que personne ne les a comprises ? Qu'est-ce que cela signifie que l'âme ne "voit que l'un", lorsque toutes les images en sont détachées ?

R : S'il n'y a que la vision, alors c'est ce qui se passe en apparence. Il n'y a pas vraiment de « quelque chose » qui est vu. Il n'y a alors ni image de celui qui regarde, ni image de ce qui est vu. Alors l'être pur de l'âme, souffrant et se reposant en lui-même, trouve l'être pur, sans forme, de l'unité divine, qui est là un être surnaturel. Alors, tout est « aucune chose ».
Bien sûr, je ne dirais pas que quelque chose de réel est trouvé ! En faisant disparaître toute image - en faisant disparaître toute expérience de soi - ce qui est se révèle parfait. Il se révèle être « tout », sans forme et sans séparation. Bien sûr, il se révèle être tout cela, tout en restant exactement ce qu'il est déjà. Le corps, les pensées, les sentiments, le monde, les arbres sont sans forme et sans séparation. Mais pour personne !

Q : Ou bien pour quelqu'un ? Eckart ne dit-il pas que

l'âme, la seule véritable unité de Dieu, « souffre » ?

R : Quand l'illusion de la conscience de soi s'évanouit, seule la réalité naturelle demeure. Elle n'est ni trouvée ni réalisée. Elle est simplement ce qui semble se produire.

« L'on » n'a pour ainsi dire aucune chance, car il ne reste rien d'autre que « ne pas être quelque chose » simple et nu. Ce n'est pas quelque chose qui se souffre lui-même, pour ainsi dire. Il ne peut ni se trouver, ni s'échapper, ni jamais devenir autre chose.

Mais il n'y a pas de chose qui ne soit pas quelque chose. C'est simplement ce qui semble se produire. Le fait que nous soyons assis ici et que nous parlions ensemble est la réalité naturelle, inconnue, sans forme, qui ne peut pas être trouvée parce qu'elle est déjà ; qui n'est pas réalisable parce qu'il n'y a rien qui ait la capacité d'une réalisation supplémentaire. C'est pourquoi Maître Eckart aurait parlé de « souffrance ».

Q : *Très bien, je suis d'accord avec cette forme de souffrance.*

R : Oh oui !

Se laisser soi-même

"Que l'homme se laisse d'abord lui-même,
et alors il aura tout laissé ".[4]

~

Q : Peut-on « se laisser »?

R : Les chercheurs spirituels s'efforcent de le faire.
Mais il n'y a personne qui puisse le faire.

Q : Que veut donc dire Eckhart par là ?

R : Il pourrait justement se référer au fait que toute
recherche et toute quête sont inutiles tant qu'il y a
« quelqu'un » qui cherche.
l'inverse est vrai : pour celui qui s'est laissé - ou comme
je dirais : lorsqu'il s'est avéré qu'il n'y avait personne -,
toute recherche prend fin.
Toutes les questions disparaissent lorsque l'illusion de
l'existence d'une personne réelle s'évanouit.
Maître Eckhart enfonce le clou : toute recherche, toute
question sur le sens de la vie, toute question sur la
perfection, naît de l'expérience d'être une instance
séparée.
Dans l'histoire, on pourrait dire que il faudrait d'abord

se préoccuper de savoir si la personne en quête d'accomplissement existe vraiment.

Le dilemme, c'est qu'il n'y a personne. Avant même que la quête ne commence, il n'y a déjà rien qui devrait ou pourrait se mettre à chercher.

Le dilemme est donc qu'il n'y a pas de dilemme.

Q : Laissons cela.

Voir Dieu

*"Si l'âme doit devenir consciente de Dieu, elle doit aussi
s'oublier et se perdre elle-même. Car aussi longtemps qu'elle
se voit et se connaît, elle ne voit pas Dieu ".[5]*

.

~

R : Tant qu'il y a une expérience de soi - une vision de
soi et une connaissance de soi - il y a une séparation
apparente.

Q : Et alors, il n'y a pas non plus de conscience de Dieu ?

R : Il n'y a pas d'âme qui puisse devenir consciente de
Dieu. C'est pourquoi l'âme doit se perdre elle-même.
C'est le retour de la conscience dans l'inconnu ;
l'effacement de l'expérience de la séparation dans
l'absence.

*Q : Que signifie donc « l'âme doit devenir consciente de
Dieu » ?*

R : Eckhart parle de la libération - l'évidence apparente
que l'harmonie est la réalité naturelle. Mais aucune
personne n'en est réellement consciente. Il n'y a pas
d'expérience de cette harmonie.

Q : Aucune personne, Apparence, Aucune chose...

R : Quand tu me parles, il y a une réponse immédiate, un compte-rendu qui semble de produire. Mais, il ne vient pas d'une conscience séparée ou réelle.
« L'âme doit être consciente de Dieu » peut être paraphrasé : ce qui est se donne à voir en tant que tel. En apparence, car rien n'est reconnu et il n'y a pas de conscience réelle.
En ce sens, la conscience est aveugle à ce qui semble se produire. Cette évidence est également apparente, car rien ne devient vraiment évident. Et pourtant, ce dont nous parlons est non voilé, car c'est ce qui se passe en apparence.

Q : Devrions-nous appeler brièvement Maître Eckhart et lui demander ce qu'il en pense ?

R : Nous pouvons essayer. Mais je suppose qu'il n'y aura personne.

Comment puis-je aimer Dieu ?

« Comment donc aimerai-je Dieu ? »
Tu dois aimer Dieu de façon non spirituelle, que ton âme
soit non spirituelle et dépouillée de toute spiritualité, car
tant que ton âme est spirituelle, elle a des images. Tant
qu'elle a des images, elle a des intermédiaires. Tant qu'elle a
des intermédiaires, elle n'a ni unité ni simplicité. Tant
qu'elle n'a pas de simplicité, elle n'aime pas véritablement
Dieu, car l'amour juste dépend de l'unanimité. C'est
pourquoi ton âme doit être dépourvue de tout esprit, être
sans esprit. Si tu aimes Dieu en tant que Dieu, esprit,
personne et image, cela doit cesser.
« Comment donc l'aimerai-je ? »
Tu dois l'aimer comme il est : un non-Dieu, non-Esprit,
non-Personne, non-Image.
Tu dois l'aimer comme il est : Un, pur, clair, séparé de toute
dualité.
Et dans cet Un, nous devons éternellement sombrer du
quelque chose vers le rien. Que Dieu nous y aide. Amen.[6]

~

Q : Sombrer dans l'Un, devenir Un, oui, c'est ça, c'est
exactement de ça qu'il s'agit !

R : Tu ne peux pas devenir un, car il n'y a déjà

personne. L'expérience de soi - l'expérience d'être un « esprit » - est illusoire. Elle n'a pas de substance? C'est ce que signifie : « il n'y a personne ».

La personne apparente est cette expérience de soi. Elle se vit en tant que « quelque chose ». Ce « vivre en tant que quelque chose » est l'apparente expérience d'être séparé de Dieu.

Il semble alors y avoir quelque chose de séparé de ce qui se passe en apparence. Il y a alors « moi » et « autre chose ». On voit alors le monde d'un point de vue séparé. On vit « en images », en voyant des choses.

Q : Oui, exactement, et c'est pourquoi cette formule d'Eckhart - « dans cet Un, nous devons éternellement sombrer » - semble si prometteuse !

R : Oui, de l'expérience de la séparation naît l'hypothèse qu'il existe un chemin de retour vers la totalité. Il en résulte l'hypothèse qu'il existe des étapes et des niveaux, des méthodes et des techniques.

Tant que cette expérience de soi semble exister, on adore des « choses » - des idées et des concepts, un certain mode de vie, un prêtre, un gourou, l'argent ou Bouddha ou Jésus sur la croix.

La personne apparente espère que ces choses sont des intermédiaires sur le chemin de l'accomplissement personnel.

C'est l'illusion. Elle est basée sur l'expérience que l'on est « quelque chose » - un soi qui fait l'expérience de lui-même et qui est conscient de sa présence. Un soi qui doit retrouver le chemin de la perfection.

Ce qui est rapporté ici, c'est qu'il n'y a personne.
Ce ne sont pas seulement les idées et les représentations dans lesquelles la personne vit qui sont illusoires. C'est toute l'expérience qui est sans substance. C'est pourquoi ton âme doit rester sans esprit.

Q : Donc, si je me tiens là sans idées ni représentations, je peux devenir un.

R : Tu ne peux pas devenir un. L'amour est la réalité naturelle qui ne peut pas être atteinte et n'a pas besoin de l'être. Si l'illusion qu'il y a « quelque chose » s'évanouit, l'hypothèse que l'on est séparé de l'amour s'évanouit.
Il n'y a pas de Dieu, pas d'esprit, pas de personne, pas d'image à aimer. L'amour est la réalité naturelle de personne.
C'est la libération qui est déjà.

La gloire est partout

"Dans toute œuvre, même dans le mal, dans le mal du châtiment autant que dans celui de la faute, la gloire de Dieu se révèle et resplendit de la même manière ".[7]

~

Q : Même dans le mal, Dieu rayonne...

R : Il n'y a ni « bien » ni « mal », il n'y a rien qui soit à l'intérieur de l'unité, et il n'y a rien qui soit à l'extérieur de l'unité. Il n'y a d'ailleurs pas « d'unité » en tant que telle. Ce qui semble se produire est naturellement entier et cohérent ; au-delà du bien ou du mal, du juste ou du faux. On ne peut pas en avoir conscience ou en faire l'expérience. Ce n'est pas une théorie que l'on pourrait faire sienne - et pourtant, c'est une surprise absolue de constater que ce qui semble se produire est parfait dans son « être ainsi » apparent.

Q : Pourquoi l' « être ainsi » est-il aussi apparent?

R : Parce qu'il n'y a pas d' « être ainsi » connu ou conscient. « Comment c'est » est inconnu, car non vécu. Personne ne sait si ce qui semble se passer est réel. C'est pourquoi il n'y a pas d' « être ainsi » réel. Ce que sont réellement la vie, la respiration, les sentiments, les movements reste inconnu. C'est simplement ce que c'est. Sans circonstances.

Q : L'essentiel est que la gloire de Dieu resplendisse dans le mal...

R : Il n'y a pas de raison ni d'explication à cela. La cohérence est la réalité naturelle, qui est sans raison ni création. La réalité naturelle est inconditionnelle. Elle ne connaît pas de cause. Ce qui semble se produire n'est pas fait et est absolument lui-même. Le fait que ce soit cohérent n'est pas la conséquence de quelque chose. Ce n'est pas cohérent parce que c'est sensé, bon ou sacré. Ce n'est pas non plus cohérent parce que cela mène à un but. La cohérence est totalement surprenante et en même temps absolument ordinaire.

Q : Quoi qu'il arrive, il faut le voir de manière positive.

R : Non, ce dont nous parlons n'est pas un concept. Ce n'est pas une tentative d'enjoliver quelque chose ou de le recouvrir d'une idée sacrée. Ce qui semble se passer n'a pas besoin de cela. Ce qui semble se produire n'a pas besoin d'être transformé du faux au vrai. Il n'a pas besoin de réponse pour être lui-même. Rien ne peut ni ne doit être réparé. La douleur n'a pas besoin de réponse. La souffrance n'a pas besoin d'être rendue bonne. Le "bien" est la réalité naturelle.

Q : D'accord, mais ça peut permettre de voir les choses autrement ?

R : Oui, dès que la recherche d'une réponse apparaît. Mais la douleur n'a pas besoin de réponse. Elle ne se connaît pas elle-même et n'a aucune idée sur elle-même. Elle est simplement elle-même. Tout comme chaque fleur, chaque pierre, chaque animal, chaque pensée et chaque sentiment est lui-même. Même l'expérience apparente de la séparation est elle-même, même si la recherche d'une réponse et d'une arrivée a lieu au sein de cette expérience. Cependant, personne n'arrive, car personne n'est en chemin. Personne n'a besoin d'arriver, car ce qui se passe en apparence est parfait de manière aveugle.

Q : Ah la la : « De manière aveugle » !

R : Parce qu'il n'y a personne pour le voir comme parfait. Personne qui doive le reconnaître comme parfait. Personne qui voit.

Q : A qui le dis-tu !?…

Besoins

"J'ai réfléchi l'autre jour à la question de savoir si je voulais recevoir ou désirer quelque chose de Dieu : j'y réfléchirai beaucoup, car si je recevais de Dieu, je serais sous lui ou au-dessous de lui comme un serviteur ou un esclave, tandis que lui, en donnant, serait comme un maître - et il ne devrait pas en être ainsi dans la vie éternelle ".[8]

~

Q : Eckhart voulait ne rien désirer pour ne pas se sentir demandeur d'aumône ?

R : L'absence de besoins est la réalité naturelle. La plénitude, la complétude, la paix sont la réalité naturelle. Ce qui se passe en apparence est déjà dépourvu de besoins. Il n'y a pas besoin de l'absence de besoins, ni de leur satisfaction.

Q : L'absence de besoins, la frugalité, le renoncement, l'idéal des moines. Eckhart l'a-t-il atteint ?

R : Non, il n'y a personne pour atteindre cette réalité naturelle. Les besoins sont ce qui se passe en apparence.
On me surprend la nuit en train de chercher de la

nourriture près du réfrigérateur. En cas de faim et de fatigue je m'énerve, et le temps passé en ma compagnie n'est pas agréable.

Le besoin d'harmonie et de sommeil est tout autant ce qui semble se produire que le fait d'aller aux toilettes. Mais l'espoir et le désir de trouver un réel accomplissement personnel dans la satisfaction apparente des besoins se révèlent illusoires.

Q : Mais l'illumination ou l'éveil est une sorte d'accomplissement.

R : Non, ce n'est pas comme si le désir était satisfait dans la fin de l'illusion du moi ou qu'il y ait une expérience de cet accomplissement. L'espoir et le désir d'accomplissement personnel ne semblent tout simplement plus se produire.

La recherche de l'accomplissement personnel s'achève au moment où le moi apparent se révèle être une illusion.

Q : C'est déjà quelque chose !

R : En apparence ! L'expérience d'être séparé de la vie, d'être séparé de la liberté et de la totalité - cette expérience s'éteint. La nécessité ressentie de devoir demander quelque chose à la vie se dissout en même temps que l'illusion qu'il y a quelqu'un. Tout simplement comme ça.

« Il n'y a pas de séparation » signifie : être au niveau de

la réalité naturelle. « Il n'y a pas de séparation »
signifie qu'il n'existe personne qui ait perdu quelque
chose.
« Il n'y a pas de séparation » signifie qu'il n'y a
personne qui puisse s'adresser à Dieu. Selon Maître
Eckhart : ni serviteur ni maître. Il n'y a pas de
hiérarchie.

Q : Oui, je suis d'accord !

R : Ni toi, ni moi, ni personne.

Non-savoir

"Dieu n'est ni être, ni raison, ni connaissance de ceci ou de cela. C'est pourquoi Dieu est dépourvu de toute chose - et c'est (justement) pourquoi il est toutes choses. Celui donc qui aspire à être pauvre en esprit doit être pauvre en toute connaissance propre, de sorte qu'il ne sache rien, ni de Dieu, ni des créatures, ni de lui-même ".[9]

~

Q : « Le vide est forme et la forme est vide », dit le Sutra du cœur, attribué au Bouddha. Mais personne ne le comprend.

R : Ce qui se passe est réel et irréel. Il est dépourvu de toute chose et pourtant il est tout.

Q : Est-ce que quelqu'un doit comprendre cela ?

R : Non, il n'est ni nécessaire ni possible de le comprendre. Cela décrit la réalité naturelle. Elle ne peut être ni connue ni expérimentée. Il n'y a personne qui puisse le faire.

Q : Quel est le but de cette déclaration ?

R : Elle ne veut rien dire. Elle ne vient de nulle part.

C'est une communication directe.

Q : Directement, pour être clair, de ce qu'on appelle Dieu ?

R : Il n'y a pas de réalité supérieure qui serait « Dieu ». « Dieu », c'est ce qui se passe en apparence. Je parle parfois d' « unité », mais cela non plus n'existe pas vraiment. Il n'y a absolument rien à dire sur la réalité. Le fait même de supposer qu'il existe un certain type de réalité provient d'une connaissance. Le "vide est forme et la forme est vide" ne se connaît pas lui-même. Ce qui semble se produire ne se connaît pas lui-même. Il ne sait pas ce qu'il est, ni comment il est, ni s'il est. Il est simplement. En apparence.

Q : Personne ne sait quoi...

R : Non. Ce qui se passe en apparence est tout. Il n'y a rien derrière, au-dessus ou en dessous. Il n'y a rien non plus dedans ou ailleurs. En même temps, c'est « aucune chose ».

Q : Tout de même...

R : « Aucune chose » signifie « le vide est forme ». Et cela signifie que Dieu est vide de toute chose et qu'il est en même temps toutes les choses.

Q : Les enseignants spirituels conseillent parfois de laisser la connaissance de côté et de renoncer à la pensée.

R : Ce n'est pas ce que nous voulons dire ici. Beaucoup d'enseignants spirituels pensent que l'histoire personnelle constitue le moi illusoire. En revanche, ils considèrent la conscience pure comme le vrai moi. Dans une telle perspective, il est logique de dire qu'il ne faut pas penser. Cependant, tout cela demeure déjà dans la connaissance. L'expérience d'être conscient croit justement être consciente de sa propre existence. Mais c'est illusoire. « Je suis conscient de moi-même », c'est l'illusion. « Je fais l'expérience de moi-même », c'est le rêve.

C'est pourquoi Maître Eckhart écrit qu'il ne faut connaître ni soi-même ni Dieu. Toute connaissance est illusoire, car toute expérience est illusoire. Dieu, ou ce qui semble se produire, ne s'expérimente pas lui-même. Il est lui-même, mais ne sait rien de lui-même. Toutes les idées selon lesquelles on pourrait trouver et connaître son vrai soi, voir Dieu ou même en faire l'expérience, font partie du rêve. L'idée que l'on puisse se connaître et s'expérimenter en tant que conscience divine est également une illusion. Il n'y a ni moi, ni Dieu, ni aucune forme de connaissance.

Q : Ne pas avoir à faire l'expérience de quoi que ce soit, doit être très reposant.

R : C'est inimaginable « comment c'est ». « Je suis » signifie « expérimenter ». La fin de la réalité séparée est la fin de l'illusion de l'expérience. Il n'y a pas de savoir ou de connaissance. Mais comme il n'y a déjà personne, rien n'est déjà vraiment connu.

Q : Si tu le dis. Moi je le ressens différemment.

R : Ce « je » qui croit se connaître et connaître le monde n'a pas de substance. Tout ce monde présent n'existe pas. Le « je » est déjà sans substance. Il n'y a personne.

Ce quelque-chose

"Tout ce qui est sorti de Dieu a été placé sous une action pure. Or, l'action destinée à l'homme est d'aimer et de connaître. C'est une question controversée de savoir en quoi consiste la béatitude. Quelques maîtres ont dit qu'elle réside dans l'amour. D'autres, plus précis, disent qu'elle réside dans l'amour ainsi que dans la connaissance. Mais nous, nous disons qu'elle ne réside ni dans la connaissance ni dans l'amour ; il y a dans l'âme quelque chose d'où découlent la connaissance et l'amour ; ce quelque-chose lui-même ne connaît pas et n'aime pas comme le font les forces de l'âme. Celui qui apprend à connaître cela (quelque chose), reconnaît en quoi consiste la béatitude. Il n'a ni avant ni après, et il n'attend rien de plus, car il ne peut ni obtenir ni perdre. C'est pourquoi il est privé de la connaissance de l'action de Dieu en lui ; il est plutôt celui-là même qui jouit de la manière dont Dieu agit ".[10]

~

Q : Dans la spiritualité hindoue, il y a deux voies de libération : l'amour et la dévotion d'une part, la voie de la connaissance d'autre part.

R : Oui, c'est vrai, la voie de la « bhakti » est la voie de la dévotion, la voie « jnani » est la voie de la connaissance. Parfois, les deux sont aussi reliées.

Q : Est-ce que tu recommandes cela ?

R : Non, il n'y a pas de voie. C'est la personne apparente qui s'imagine être sur un chemin. Les deux approches font partie du rêve. L'hypothèse qu'il faut emprunter un chemin pour revenir à Dieu vient de l'expérience séparée. Les deux méthodes jouent sur le fait qu'elles produisent des bonnes expériences.

Dans la pratique de la dévotion, il y a des expériences impressionnantes d'amour et d'unité. Elles donnent au chercheur l'impression d'être sur la bonne voie. L'idée de libération implique en effet l'idée qu'il doit s'agir d'une expérience positive absolue.

Il en va de même pour le chemin de la connaissance apparente. Chaque prise de conscience apparente s'accompagne du sentiment d'avoir atteint quelque chose. Cela renforce l'impression de progresser sur le chemin.

Tout cela fait partie du rêve. Lorsque l'illusion s'avère être une illusion, l'expérience d'être séparé s'effondre, ainsi que l'idée qu'il faut un chemin et une approche. Ce qui est ne peut pas être connu, parce que ce n'est pas quelque chose. Ce qui est ne peut pas être aimé parce que c'est l'amour. La dévotion et la connaissance fusionnent pour former la réalité naturelle, qui est l'amour et la compréhension de soi. La réalité naturelle est exactement ce qui semble se produire.

Q : Et ce qui semble se produire est parfait ?

R : Oui, c'est ça. Il n'attend rien et n'a besoin de rien. En ce sens, il est naturellement parfait. Il ne lui vient même pas à l'idée qu'il pourrait manquer quelque chose. C'est pourquoi il ne peut rien chercher. Ce qui est est aveugle et bienheureux en soi. Il ne peut y avoir aucune réalisation de cela, car c'est déjà ainsi.

Q : Mais cela semble très prometteur lorsque Maître Eckhart écrit que de ce quelque chose « découlent la connaissance et l'amour ». Il y a manifestement quelque chose à vivre ?

R : Je ne sais pas ce qu'il a voulu dire. Mais cela pourrait être une description de ce qui se passe dans les discussions sur l'unité : ce qui est évoqué est la réalité naturelle. En apparence, on y partage la connaissance et l'on y fait l'expérience de l'amour. Mais en même temps, la réalité naturelle ne se connaît pas et n'a pas l'expérience d'être amour.
Dans la libération (apparente), l'énergie semble s'inverser. L'énergie du chercheur a constamment besoin de quelque chose et veut tout engloutir ou posséder - l'amour et la connaissance par exemple -, mais dans la libération, cette dynamique énergétique semble s'arrêter. L'énergie commence même à partir. C'est ce qu'il pourrait vouloir dire lorsqu'il dit : « il y a dans l'âme quelque chose d'où découle la connaissance et l'amour », mais que « ce quelque chose lui-même ne

connaît pas et n'aime pas ». Comme plus rien n'est
séparé, il ne reste que la réalité naturelle.

*Q : Il écrit : « Celui qui connaît cela reconnaît en quoi
consiste la béatitude ».*

R : Personne ne peut et ne pourra connaître cette
béatitude. Il n'y a pas de chemin vers elle ni de
personne qui arrive à cette béatitude. Néanmoins dans
la réalité naturelle, l'expérience de l'amour et
l'expérience de la connaissance s'effondrent. C'est la fin
de l'illusion qu'il y a un expérimentateur ou une
expérimentatrice.

*Q : Il n'y a pas d'expérimentateur, pas d'expérimentatrice...
Y a-t-il au moins une expérience ?*

R : Je ne dirais pas cela non. Pour moi, l'expérience et
la chose qui fait l'expérience vont ensemble. Même si
la personne est déterminée à considérer l'expérience
comme quelque chose d'impersonnel, elle reste une
réalité vécue ; quelque chose qui semble effectivement
se produire. Du point de vue de la personne
apparente, cela a du sens, car l'expérience est sa réalité.
L'expérience est apparemment connue et vécue.

Q : Mais en réalité, il n'y a pas d'expérience ?

R : Il n'y a pas d'expérience.

Q : Mais il y a des pensées et des sentiments ? Ou pas ?

R : Apparemment, il y en a. Apparemment, le corps "expérimente" les pensées et les sentiments. Le corps n'en fait pas vraiment l'expérience, il vit simplement. Il pense, ressent, voit, entend, sent, marche et se tient debout, mais il n'en fait pas l'expérience d'un point de vue séparé. C'est ce que je veux dire quand je dis qu'il n'y a pas d'expérience.

Q : Mais je vis en faisant des expériences !

R : Se vivre en tant qu'expérience est illusoire.

Q : Parce que je n'existe déjà pas moi-même, et personne d'autre non plus ?

R : Oui, exactement. Il n'y a rien qui fait l'experience.

Q : Alors il n'y a rien qui puisse être expérimenté...

R : Oui, il n'y a pas de réalité connaissable ou expérimentable.

Q : Alors il n'y a jamais eu de Maître Eckhart...

R : Et pourtant, ou justement à cause de cela, il a été condamné...

Une Vision, une Connaissance, un Amour

"L'homme qui demeure dans la volonté de Dieu ne désire rien d'autre que ce que Dieu est et veut. S'il est malade, il ne se veut pas guéri. S'il demeure vraiment dans la volonté de Dieu, toute douleur est pour lui une joie, toute complication est simple. Oui, même les douleurs de l'enfer sont pour lui une joie. Il est libre et sorti de lui-même, et doit être libre de tout ce qu'il reçoit. Si mon oeil discerne la couleur, il doit lui-même être libre de toute couleur. L'œil avec lequel je vois Dieu est le même avec lequel Dieu me voit. Mon œil et l'œil de Dieu sont un seul œil, une seule vision, une seule connaissance et un seul amour "[11]

~

La surprise est que tout est entier et complet. Cela n'a pas besoin d'être bon ou agréable. Cependant, tout a son propre goût inconnaissable d'achèvement et d'harmonie.

Bien sûr, cette harmonie n'est pour personne, car le soi est la totalité dont on parle ici. Rien ne donne, n'ajoute ou n'améliore quoi que ce soit - tout est déjà "cela".

Il n'y a rien d'autre que ce qu'est Dieu signifie qu'il n'y a rien en dehors de cette plénitude. Tout (littéralement tout !) est soi-même - indivisé, singulier, libre, entier et complet. Déjà.

À propos de Maître Eckhart

Maître Eckhart (ou Eckehart, Eckhart von Hochheim ; *
vers 1260 à Hochheim ou à Tambach ; † avant le 30
avril 1328 à Avignon) était un théologien et philosophe
thuringien influent de la fin du Moyen Âge.
Ses déclarations non conventionnelles, parfois
formulées de manière provocante, et sa contradiction
flagrante avec les convictions répandues à l'époque
firent sensation. Après avoir travaillé de nombreuses
années au service de l'ordre, Eckhart ne fut dénoncé et
accusé d'hérésie (déviation de l'orthodoxie) que dans
les dernières années de sa vie. Eckhart mourut avant la
fin de la procédure engagée contre lui. Comme il s'était
d'emblée soumis au jugement du pape, il échappa en
tant que personne à la qualification d'hérétique, mais
le pape Jean XXII condamna certaines de ses
déclarations, les qualifiant d'hérétiques, et interdit la
diffusion des œuvres qui les contenaient. Néanmoins,
la pensée d'Eckhart a eu une influence considérable
sur la spiritualité de la fin du Moyen Âge dans des
régions allemandes et néerlandaises. [12]

1   O'C Walshe, Maurice (2009): The Complete Mystical Works of Meister Eckhart. Pearl River, NY: Herder & Herder, The Crossroad Publishing Company, p. 425, emphasis in original. URL: https://philocyclevl.files.wordpress.com/2016/10/meister-eckhart-maurice-o-c-walshe-bernard-mcginn-the-complete-mystical-works-of-meister-eckhart-the-crossroad-publishing-company-2009.pdf (12/19/2021). ,traduit par Benoît Strauss

2   Ibid, p. 26.

3   Ibid, p. 462.

4   Aphorismen.de – Aphorismen, Zitate, Sprüche und Gedichte, URL: https://www.aphorismen.de/zitat/16008 (05/01/2021), traduit par Benoît Strauss

5   Aphorismen.de – Aphorismen, Zitate, Sprüche und Gedichte, URL: https://www.aphorismen.de/zitat/64091 (05/01/2021), traduit par Benoît Strauss

6   O'C Walshe, Maurice (2009): The Complete Mystical Works of Meister Eckhart. Pearl River, NY: Herder & Herder, The Crossroad Publishing Company, p. 464–465. URL: https://philocyclevl.files.wordpress.com/2016/10/meister-eckhart-maurice-o-c-walshe-bernard-mcginn-the-complete-mystical-works-of-meister-eckhart-the-crossroad-publishing-company-2009.pdf (12/19/2021)., traduit par Benoît Strauss

7   Quint, Josef [Hrsg.] (1979): Meister Eckehart: Zürich: Diogenes, S. 450., traduit par Benoît Strauss

8   Quint, Josef [Hrsg]: Meister Eckehart, 1979. S. 451., traduit par Benoît Strauss

9   O'C Walshe, Maurice (2009): The Complete Mystical Works of Meister Eckhart. Pearl River, NY: Herder & Herder, The Crossroad Publishing Company, p. 423, emphasis in original. URL: https://philocyclevl.files.wordpress.com/2016/10/meister-eckhart-maurice-o-c-walshe-bernard-mcginn-the-complete-mystical-works-of-meister-eckhart-the-crossroad-publishing-company-2009.pdf. (12/19/2021)., traduit par Benoît Strauss

10 Ibid, p. 422.

11 Wikipuote, URL https://en.wikiquote.org/wiki/Meister_Eckhart –
    traduit par Benoît Strauss

12Meister Eckhart, Wikipedia article (excerpt), URL:
https://de.wikipedia.org/wiki/Meister_Eckhart (05/01/2021),
traduit par Benoît Strauss

À propos d'Andreas Müller

Andreas est né en 1979 à Ludwigsburg, dans le sud de l'Allemagne. Après des années de recherche en spiritualité, il a rencontré Tony Parsons en 2009.

"Tout d'abord, j'ai été choqué. Même si j'avais déjà connu et expérimenté beaucoup de choses, c'était quelque chose de nouveau et d'inattendu. Soudain, sans raison, j'ai entendu ce que Tony disait, et bientôt, c'était indéniable :
Il n'y a personne."

Depuis 2011, Andreas organise des conférences et des intensives dans le monde entier.

www.thetimelesswonder.com

Remerciements

Merci à Benoît Strauss pour la traduction!

Master Eckhart

Nadine Reichmann

Dietmar Bittrich

Dorothea Gruß

Ieva Gaidulis

Tony & Claire Parsons

My family